博 物 之 旅

日行千里不是梦

交通

芦 军 编著

安徽美术出版社
全国百佳图书出版单位

图书在版编目（CIP）数据

日行千里不是梦：交通 / 芦军编著. —合肥：
安徽美术出版社，2016.3（2019.3重印）
（博物之旅）
ISBN 978-7-5398-6682-6

Ⅰ. ①日… Ⅱ. ①芦… Ⅲ. ①交通工具－少儿读物 Ⅳ. ①U-49

中国版本图书馆CIP数据核字（2016）第047095号

出 版 人：唐元明　　　责任编辑：程　兵　史春霖
助理编辑：吴　丹　　　责任校对：方　芳　刘　欢
责任印制：缪振光　　　版式设计：北京鑫骏图文设计有限公司

博物之旅

日行千里不是梦：交通
Rixing-qianli Bushi Meng Jiaotong

出版发行：安徽美术出版社（http://www.ahmscbs.com/）
地　　址：合肥市政务文化新区翡翠路1118号出版传媒广场14层
邮　　编：230071
经　　销：全国新华书店
营 销 部：0551-63533604（省内）0551-63533607（省外）
印　　刷：北京一鑫印务有限责任公司
开　　本：880mm×1230mm　1/16
印　　张：6
版　　次：2016年3月第1版　2019年3月第2次印刷
书　　号：ISBN 978-7-5398-6682-6
定　　价：21.00元

目录

交通工具起源 ………………………………… 1

交通灯的学问 ………………………………… 3

靠右行驶的车辆 ……………………………… 5

驾照常识 ……………………………………… 7

刹车学问 ……………………………………… 9

立交桥 ………………………………………… 11

公路 …………………………………………… 13

高速公路 ……………………………………… 14

高速公路与普通公路的不同 ………………… 16

我国道路编号规则 …………………………………… 18

艇、舰、船的区分 …………………………………… 20

船舶控制系统 …………………………………… 22

绿色的节能汽车 …………………………………… 24

纯电动汽车 …………………………………… 26

混合动力汽车 …………………………………… 28

运河 …………………………………… 31

环保出行的自行车 …………………………………… 33

水上飞机 …………………………………… 36

"后窗文化" …………………………………… 38

第一个女司机 …………………………………… 41

公交IC卡 …………………………………… 43

牡丹交通卡 …………………………………… 44

目　录

🖋 螺旋形的山上公路 …………………………… 46

🖋 漕运历史 ………………………………………… 47

🖋 世界著名大桥 …………………………………… 49

🖋 坚固的赵州桥 …………………………………… 52

🖋 交通行业的节能减排 …………………………… 54

🖋 绿色交通 ………………………………………… 56

🖋 优惠的火车票 …………………………………… 58

🖋 铁轨演变 ………………………………………… 60

🖋 火车维护 ………………………………………… 62

🖋 列车上的字母 …………………………………… 63

🖋 隧道 ……………………………………………… 64

🖋 现代丝绸之路 …………………………………… 66

🖋 管道列车 ………………………………………… 68

地下铁道 ················· 70

磁悬浮列车 ················· 72

京杭大运河 ················· 74

春运 ················· 76

丝绸之路 ················· 78

公交车出行 ················· 80

交通运输的主要能源 ················· 82

旅游与交通 ················· 84

郑和下西洋 ················· 86

迪亚士之航 ················· 88

交通工具起源

  人类生活中离不开"衣、食、住、行"，其中"行"为前三者提供了方便，是人们生活的基本需要。今天的人们已经实现陆上跑、天上飞、水中游了，但是最远古的交通工具却是"轮子"。

考古学家们发现，大约在公元前2000年，古埃及就有了轮子。远古人靠打猎为生，随着打猎范围的不断增大，人们离开居住地的距离也越来越远。这样，将猎物搬回洞穴就要花不少力气，用什么办法可以省力地从老远的地方将众多猎物弄回来呢？

古时候，人们将一棵棵树木砍倒在地时，那些枝杈较少的圆木就会在平坦的地面上滚动起来，这种司空见惯的现象触发了人们的灵感，有人由此萌生了"偷懒"的念头，人们不再费力地抬或者搬那些木头，而是砍掉枝杈，在地上推滚起来。有人将一块粗糙的木板放在两根圆木上面，再在上面放重物，运输起来既稳当又安全。

这就是轮子的雏形。

交通灯的学问

交通灯的红、黄、绿三种颜色是根据光学原理来设定的。在所有颜色中，红色的波长最长，它穿透介质的能力也最

大，显示得也最清楚。人们对红色非常敏感，所以红色信号灯被用来表示禁止和停车。

黄色信号灯的发明者是我国的胡汝鼎。在三种颜色中，黄色的波长仅次于红色，它穿透玻璃透过光线的能力很强，传播的距离也很远，因此，被用作缓行的信号。

　　绿色的波长居第三，传播的距离较远，而且红色和绿色容易区别，因此，绿色被用作表示通行的信号。

靠右行驶的车辆

车辆和行人靠马路右边行驶这一规则由来已久。

古代欧洲军人左手持盾牌，右手执矛或剑，如果迎面走来的两个人都靠右行走，双方就会在持盾牌的一边走过，这样可以避免冲突和误伤，于是就产生了靠右行走的规定。

法国大革命爆发后，革命党人发布命令：所有巴黎的马车和行人一律靠右行驶。后来，凡是被拿破仑征服过的欧洲国家，像意大利、西班牙、波兰、瑞士、德国等，都实行了靠右行驶的交通规则。这一规则还流传到美洲，被美州人民接受。

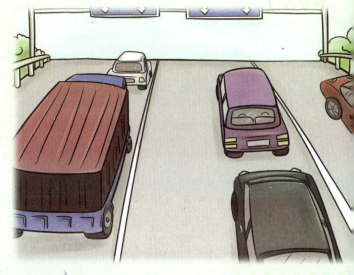

在中国，车辆靠右

行驶的规则最早出现于唐朝，是由唐代大臣马周制定的。鸦片战争后，我国受到英国的影响，很长一段时间里实行靠左行驶的规则。1945年以后，我国大量进口美国汽车，而其方向盘及灯光装置都适用于靠右行驶。为了节约改装的费用，当时的政府规定，从1946年起，全国一律实行车辆靠右行驶的规则，并一直沿袭至今。

目前，世界上的交通规则分为两类，美国、中国以及其他许多国家都规定车辆、行人靠右行驶；而英国、日本等少部分国家，则规定靠左行驶。

驾照常识

驾照是国家规定的驾驶机动车司机所必需的执照。

根据公安部正式发布的《机动车驾驶证业务工作规范》，驾照分为 A1、A2、A3、B1、B2、C1、C2、C3、C4、D、E、F、M、N、P 共 15 个级别，具体对应原则如下：

A 照：大型客车司机专用

B 照：大型货车司机专用

C 照：小型汽车司机的驾驶证明

D、E 照：普通三轮摩托

E、F 照：普通两轮摩托

F 照：轻便摩托车

M 照：轮式自行机械车

N 照：无轨电车

P 照：有轨电车

车主换车时，旧的驾照可以继续使用，新老车照的相关更换工作将随机进行，车主可在办理行驶证年检或驾驶证审验的时候更换新的驾照，不用特地到车管所办理。

刹车学问

刹车时人会往前冲是因为惯性的作用。惯性是物体的固有属性，一切物体都具有惯性。汽车急刹车后，人保持向前运动的状态，所以就会向前冲。同样的道理，车在向左转弯的时候，人就会向右歪，车向右转弯的时候，人就会向左歪。

为了保护司机的人身安全，司机在开车的时

9

候通常要系上安全带。其实不光是司机要系安全带，我们平时在坐车的时候，有安全带的也一定要系上安全带，没有安全带的要抓紧扶手，以保证我们自身的安全。

立交桥

　　为了保证车流畅通并安全通过交叉路口，1928年美国修建了第一座立交桥，从此，城市交通开始由平面走向立体。

　　立交桥被广泛应用于高速公路和城市道路中的交通繁忙地段。按跨越形式分为跨线桥式立交桥和地道桥，前者能保证

上下层车辆顺利通畅运行，后者修建时，须拆迁地下管线，附属工程量大，远不如修建跨线桥经济，但有时需要有这种地道桥。

随着城市人口的不断增多，立交设施越来越被政府重视，城市立交桥的规模也越来越大，桥形设计也越来越复杂。立交桥已成为现代交通不可缺少的部分。

公路

公路是指连接城市之间、城乡之间、乡村与乡村之间、工矿基地之间按照国家技术标准修建的工程设施，其中包括高速公路、一级公路、二级公路、三级公路、四级公路。

公路是供各种汽车和行人通行的工程设施。按其使用特点分为城市道路、高速公路、林区道路及乡村道路等。其中城市道路是指城市规划区内的公共道路，一般设人行道、车行道和交通隔离设施等，包括城市快速路、城市主干道、城市次干道、城市直线、胡同里巷等。

高速公路

　　高速公路已经成了当今公路交通的代名词，"逶迤千里，近在咫尺"已不再是梦想。

　　中国第一条高速公路是沈大（沈阳至大连）高速公路。高速公路的建设质量非常高，路基结实、平坦，上下坡比较平缓，这样汽车在高速公路上行驶时能够既快又平稳。高速公路的路面宽阔，中间有隔离带，来往的车辆各行其道，互不影响。高速公路和普通公路的一个明显区

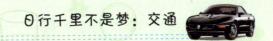

别是不设红绿灯，这样就能保证车辆始终高速、通畅地行驶。

另外，高速公路上没有路灯。高速公路上车流量大，车速快，照明要求高。如果仅以普通路灯来照明，路灯发出的照射光，容易使行驶中的司机目眩，从而影响驾驶。因此，除了途中的加油站、修理所、控制室等路段外，高速公路上通常不采用路灯照明。

国外高速公路的行车速度，大都在80千米／小时以上，一般是120千米／小时左右，有的国家达到150千米／小时或更高。我国规定平原区设计车速为120千米／小时，微丘区为100千米／小时，重丘区为80千米／小时，山岭区则只有60千米／小时。

高速公路与普通公路的不同

首先，高速公路两旁不栽树。如果在高速公路两侧栽树，虽然可以遮阴、保护路基，但是路面会因此变暗，树木还会阻挡司机的视线，令其很难看清远处路面的情况。

其次，高速公路是弯曲的。这是因为笔直的高速公路容易让司机感到视觉疲劳，注意力很难集中。为了解决这个问题，设计高速公路时，要按规定设计出曲折和拐弯，由于曲折处半径很大，司机每逢拐弯处精神都要振作起来，从而减少疲劳感，同时车速也不用很低。

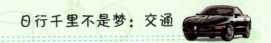

这样也大大提高了行车的安全。

　　第三个不同是高速公路上没有路灯。如果给高速公路上安装路灯，路面反光很强，会使司机感到晃眼，影响行车的安全。在高速公路两侧每隔一定距离安置有一小块反光板，它表面是玻璃珠组成的反光膜。其他如路牌、路标等也都有这种反光膜。夜晚，当车灯照到反光板上时，玻璃珠就会把光线反射回来，远远看去，马路两边真像安了两排小灯似的，不过它们不会晃司机的眼，车一过去，后面又变成漆黑一片。

我国道路编号规则

　　根据交通部规定，我国道路按行政等级分为国道（含国道主干线）、省道、县道三级，由国、省、县三字汉语拼音首字母G、S、X作为它们各自相应的标识符，标识符加数字组成编号。

　　1. 国道主干线的编号，由国道标识符"G"、主干线标识"0"加两位数字顺序号组成。国道放射线编号，由国道标识符"G"、放射线标识"1"和两位数字顺序号组成，以北京为起始点，到放射线终点结束，按路线的顺时针方向排列编号，如G101指京沈线（北京至沈阳）。国道南北纵线的编号，由国道标识符"G"、南

G105	国道编号
S203	省道编号
X08	县道编号

北纵线标识"2"和两位数字顺序号组成，如G204指烟沪线（烟台至上海）。国道东西横线的编号，由国道标识符"G"、东西横线标识"3"和两位数字顺序号组成，如G318指沪聂线（上海至聂拉木）。

2. 省道的编号，以省级行政区域为范围编制，编号方法与国道主干线一样，只是将"G"换为"S"。如S1加两位数字表示省道放射线的编号，S2加两位数字表示省道南北纵线的编号，S3加两位数字表示省道东西横线的编号。

3. 县道原则上以所在行政区域为范围编制，方法同前。

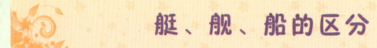

艇、舰、船的区分

　　许多人分不清艇、舰、船三者的关系，常常把它们混为一谈，其实它们根本不是一回事。

　　艇和舰是根据排水量大小来区分的，排水量在500吨以下的通称为艇，反之，则称为舰。船，是指依靠人力、风帆、

发动机等动力，能在水上移动的交通手段。民用船一般称为船，

军用船称为舰，小型船称为艇或舟。

海军常说的舰艇是对海军各类艇、舰、船的总称。

船舶控制系统

　　20世纪50年代，航运发达国家为提高运输效率，首次提出了"船舶自动化"的概念，它是构成船舶运输控制系统的基础，经过多年的发展，现在主要包括无人值班机舱、集成驾驶系统、货运监控系统和船舶管理信息系统等。

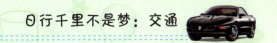

　　船舶运输控制系统是对船舶运输过程的有关信息进行传输、接收、存取、变换和反馈，并不断对过程进行调整和优化的控制管理一体化系统，涉及航海、通信、计算机、机电、自动控制、运输管理、船货代理、码头港务、商贸、金融及保险等专业技术。船队控制系统主要由企业管理业务网和船岸通信网组成。单船控制系统是一个船舶自动化局域网，并通过全球海上遇险与安全系统GMDSS进入船岸通信网，实现船岸一体化管理。

绿色的节能汽车

　　汽车节能就是减少汽车的燃料消耗量或是提高单位燃料的行驶里程。汽车环保广义上讲是指减少汽车生产、使用和报废过程中对人和环境的污染。我们这里所讲的汽车环保主要指减少使用过程中汽车排出的尾气和车辆产生的噪声对环境的污染。对于同一车辆，燃料消耗的减少意味着对环境污染的减少。所以，一般来讲，节能的实质也是环保。但环保技术的实现并非都可以同时达到节能的目的，如发动机尾气净化装置，如果因装置结构排气负压处理不好会导致发动机效率下降，油耗增加。因此，尽量减少燃料消耗或采用替代燃料或

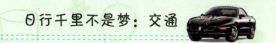

在不增加燃料额外消耗前提下减少排放才是汽车节能与环保的努力方向。

在对传统汽车进行技术改造的过程中也逐渐形成了具有良好环保、能源特性的以纯电动汽车、混合电动汽车和燃料电池电动汽车等为代表的新能源汽车的研发潮流和产业化热点。其实在前面提及新型燃料时已经提及其他新能源汽车，如压缩天然气、氢燃料、合成燃料、液化石油气和醇醚燃料汽车等，限于篇幅这里只对电动汽车技术进行介绍。电动汽车因污染小、节约能源、能改善能源消耗结构和电网负荷，已经成为 21 世纪重要的绿色交通工具。

纯电动汽车

纯电动汽车是指采用蓄电池作为能量存储单元，采用电机为驱动系统的车辆。就目前的动力电池的技术水平，小型四轮纯电动汽车技术商业化条件已经具备，可以作为短距离上班族的代步交通工具或作为出租车予以推广，尤其适用于社会主义新农村建设。大型纯电动车辆主要用于特殊场合，如机场和市区。也有采用超级电容的纯电动大客车，实践证明其具备推广价值。纯电动轿车一次充电续驶里程应不低于200千米，最高时速

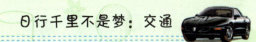

可达到 120 千米。它依赖于电池的技术进步，目前不具备大批量商业化的条件。纯电动汽车的核心技术是电机电控技术、电池组能量管理技术等。

通过近五年的努力，我国目前已经实现了纯电动汽车的小批量生产，开发的纯电动轿车和纯电动客车均已通过了国家汽车产品型式认证，纯电动轿车的动力性、经济性、续驶里程、噪声等指标已超过法国雪铁龙公司等国外大型汽车生产企业研制的纯电动轿车和箱式货车，初步形成了关键技术的研发能力。纯电动汽车在特定区域的商业化运作正在广泛开展。

混合动力汽车

　　混合动力汽车是指由两个或多个能联合或单独运转的驱动系统驱动的汽车，按照功率辅助形式又可分为续驶里程延长型、功率辅助型、双模式型等。

　　现在已经市场化的是油电混合电动汽车，其中微混合电动

汽车应比常规汽车减少 3% 以上的能源消耗，轻度混合电动汽车油耗应比传统燃料汽车节能 15% 以上，全混合动力汽车应比同级传统燃料车减少 30% 以上燃料消耗。由于纯电动汽车续驶里程短和高昂的电池成本给电动汽车商业化推广应用带来很多问题，所以目前混合动力汽车技术是新能源车辆的主流技术。

混合动力汽车的核心技术是动力总成技术、系统集成匹配技术以及车载能源技术和整车控制与能量管理技术等。混合动力电动轿车多采用并联和混联技术，混合动力电动公共汽车以

串联技术为主。国际上混合动力汽车的商业销售成绩斐然，而大客车也已经开始大规模示范，仅美国就有 15 个城市。我国一汽、东风、长安、奇瑞等汽车集团公司都投入了较大人力、物力来完成各车型功能样车的开发，性能样车开发和产业化准备基本上完成，在控制、混联机电耦合结构方案等方面也取得了许多的技术创新成果。

运河

　　运河是一种人工开凿的航运渠道，可以用来沟通江河、湖泊、海洋等水域，并能改善航运条件，缩短交通运输的时间和距离。

　　中国是世界上最早开通运河的国家，早在 2000 多年前就开挖了 30 多千米长的灵渠。京杭大运河是世界上最长的运河，

它将海河、黄河、淮河、长江、钱塘江五大水系和大片地区联系起来，成了中国历史上名副其实的第一条贯通南北的运输大动脉。

有河就有桥，人们在建造桥梁时会遇到这样的矛盾：桥面造得太高，会增大上下桥的坡度和造桥的难度；桥面造得太低，虽然建桥和桥上的通行方便了，但却会限制较大的船只在河中航行。所以，有人设计了桥面能够开启的活动桥，使桥面不必造得太高，同时又不妨碍船只顺利通行。

环保出行的自行车

　　自行车除了低碳、经济、方便、灵活以外，还有强身健体的功能，对倡导和推动健康出行，具有重要的意义。实际上，自行车作为一种绿色交通工具，早已受到发达国家的重视。自行车交通迅速发展，将大大提高城市交通的效率和安全性。采取机动车道和专用的自行车道分流，也使机动车交通速度得到

提高。城市道路作为一种公共资源，理应被公平合理地分配使用。从路面使用情况来看，行人、自行车、汽车大约各占三分之一。如果按照出行人数来分配城市的道路空间，三分之二以上的道路都应该分配给行人和自行车。无论社会怎样发展，不管城市多么优美，自行车都不会销声匿迹。在大力发展机动车的同时，理应给自行车道留下应有的空间。让自行车与机动车

拥有同等的通行权利和条件，是倡导自行车出行的前提与基础。

自行车出行是否方便，也是衡量城市生活幸福、社会和谐的一个重要指标。

健康出行具有多方面益处。一是提高效率。它能改善交通状况，减少机动车对道路资源的占用，缓解交通拥堵，从而使城

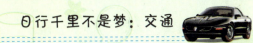

市总体的出行时间减少。

二是节约能源。健康出行可以减少城市道路、停车场等交通设施的需求、建设和维护费用。还可以减少交通费和油耗，降低城市运营成本和节约能源。

三是促进环保。机动车排放的大量有毒有害污染物，严重影响空气质量并对人体健康造成危害。减少小汽车的使用，可以降低城市空气污染，有助于创建宜居的城市环境。

四是有益健康。市民健康出行可以增加锻炼的机会，保持身体健康。在城市，应该让汽车速度慢下来，让自行车快起来，让步行舒服起来。

水上飞机

　　水上飞机是指能在水面上起飞、降落和停泊的飞机，简称水机。有的飞机能同时在水上、陆上机场起降，称为两栖飞机。

　　水上飞机跟普通飞机一样，也由机身、机翼、发动机、操纵系统和起落架五部分组成。水上飞机的发动机多为螺旋桨

式，安装在离水面较远的机翼或机身上部，目的是防止被水流冲击。为了更好地适应水上航行，有的水上飞机机身设计成快艇形状，有的还在机翼下面装有一对浮筒。

水上飞机的优势在于可在水域辽阔的江河湖海上使用，安全性好，地面辅助设施较经济，飞机吨位不受限制；缺陷主要是受船体形状限制，不适于高速飞行，机身结构重量大，抗浪性要求高，维修不便以至于制造成本高。

水上飞机运用也很广，在军事上可用于侦察、反潜和救援活动，在民用方面可用于运输、森林消防等。

"后窗文化"

　　走在马路上，我们会看到汽车后窗上形形色色的个性标语，有演变成汽车"后窗文化"的趋势，内容主题多是跟交通有关的诙谐用语：

　　撞急刹！

　　别慌！离我远点！我慌！

别吻我的屁股！我怕修（羞）！

你先走，我掩护！

经常错挂倒车挡！！

刹车不管前后，转弯不看左右。离我远点！

曾经开的是碰碰车！

新车新本心慌！

大龄女司机，多关照！

您是师傅随便超！

新手手潮，越催越面！

女司机＋磨合＋头一次＝女魔头。

当您看到这行字时，您的车离我太近了！

新车上路，内有杀手！

上联：买的证；下联：租的车；横批：您看着办！

昨天领证，高兴ing……

初领驾照，请多关照。

我很娇小，经不起你的狂吻！

请不要让我们因相吻而相识！

来呀，来撞我啊！

保护新手，人人有责！

注意！再一秒我就要倒车了！！

请你不要吻住我！我今天没有刷牙啦！

别怪我，怪驾校！

别老跟着我，我也迷路了！

行李箱内，汽油三桶。

第一个女司机

世界上第一个女司机是现代汽车之父卡尔·本茨的妻子贝尔娜·本茨。

1885 年，德国人卡尔·本茨发明了汽车并在实验室里完成了汽车实物样本。当时的人们对汽油的爆炸有恐惧心理，汽车也因此被视为怪物，而且卡尔发明的第一辆汽车还经常抛锚，卡尔很害怕当众出丑，不敢在公开场合驾驶汽车。但是如果永远不能抛头露面，发明的汽车就会永远搁浅在实验室里，卡尔痛苦万分。

贝尔娜见

自己的丈夫如此悲痛，心中暗暗着急。一天，她瞒着丈夫从实验室里拉出这辆汽车，驾车向街上奔驰而去，这一路她走走停停，历经坎坷，终于把世界上第一辆汽车开到100多千米外的娘家。娘家人及成千上万的目击者对贝尔娜的勇敢赞叹不已，同时，第一辆汽车也终于被人们认可。

贝尔娜因此成为世界上第一个驾驶汽车的女司机。

公交 IC 卡

　　公交 IC 卡是通过无线方式与读写设备传递信息的，具有存储、加密和计算能力，外形与普通信用卡相似。乘客乘车时只需在距离打卡区 10 厘米以内一晃，听到"嘀"的告示声就可以了，使用起来方便、快捷。

　　公交 IC 卡的使用提高了售票人员的工作效率，方便了乘客，降低了运营成本，是公交企业售票方式的重大改进，也是城市形象的重要组成部分，是现代科技与社会文明的高度融合。

牡丹交通卡

　　牡丹交通卡是由北京市公安交通管理局与北京市工商银行合作开发的一种集成电路智能信息卡，该卡存储着驾驶员姓名、档案编码、身份证号、准驾车型、初领证日期、交通违法行为及处罚记录、交通事故及处理情况、审验记录、领卡日期等基本信息以及驾驶员个人金融信息，用于公安交通管理机关

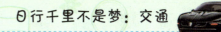

对机动车驾驶员实施审验、法规培训、记分等项管理，同时具有金融服务功能。

牡丹交通卡实现了对驾驶员日常情况的现代信息化管理，简化了交通警察工作手续，提高了执法效率和执法水平，便利了群众。

螺旋形的山上公路

山上的公路多是盘旋上升的，如果像在平原上那样修一条笔直的公路，势必坡度很大，从而使车辆的下滑力超过轮子对公路路面的附着力，造成的结果是连人带车摔下去，出现严重交通事故，所以这种方法是行不通的。让公路在山坡上像螺旋一样盘上去，就能大大降低公路的坡度，这样行驶起来比较安全，汽车也不吃力。

漕运历史

漕运是我国古代一项重要的运输行为，它是利用水道调运粮食的一种专业运输方式。中国历朝历代用于宫廷消费、百官俸禄、军饷支付和民食调剂的粮食称漕粮，漕粮的运输就称为漕运。

早在秦始皇时代中国就有了漕运。自秦始皇统一中国后，转漕问题就是运东方的粮食以食长安。从全局来看，最重要的转运中心在中原，秦朝时全国最大的粮仓敖仓在成皋（今河南荥阳西五里），西汉时东方的粮谷多从此西运，东汉时置敖仓官。隋初除自东向西调运外，还从长江流域转漕北上。隋炀帝

动员大量人力开凿通济渠，连接黄河、淮河、长江三大水系，形成沟通南北的新的漕运通道，奠定了后世大运河的基础。唐、宋、元、明、清历代均重视漕运，为此，疏通了南粮北调所需的网道并建立了漕运仓储制度。历代漕运都保证了京师和北方军民所需粮食，而且运粮时可兼带商货，有利于沟通南北经济和商品流通；但它又是人民的一项沉重负担，不但运费代价过高，而且让人民以漕运为由服徭役常常会贻误农时。

随着商品经济发展，漕运已非必需。1901年，清政府下令停止了漕运。

世界著名大桥

悉尼大桥，建成于1930年，号称世界第一单孔拱桥，位于澳大利亚悉尼市。桥面宽49米，可通行各种汽车，中间铺设有双轨铁路，两侧人行道各宽3米。

金门大桥是世界著名大桥之一，被誉为近代桥梁工程的一项奇迹，坐落于美国加利福尼亚州的金门海峡之上，被认为是旧金山的象征。大桥雄伟壮观，有如"金色之门"。

明石海峡大桥全长1780米，连接日本的本州与四国，1997年建成。

亨伯湾大桥全长1410米，位

于英国亨伯湾，1980 年建成。

韦拉扎诺海峡大桥全长 1298 米，位于美国纽约，1964 年建成。

巴林－沙特阿拉伯跨海大桥位于波斯湾，全长 25 千米，一度为世界最长。

厄尔松海峡桥连接瑞典和丹麦，总长 16 千米，是世界最长的公路、铁路两用斜拉桥，2000 年通车。

联邦桥位于加拿大，总长 12.9 千米，是世界上最长的穿过冰覆盖水域的桥，1997 年通车。

奥克兰港湾大桥全长 1079 米，有 8 条平行车道，是新西兰唯一的港口桥。

　　澳凼大桥位于澳门半岛与凼仔岛间，全长 2569.8 米，引桥长 2090 米，桥面宽 9.2 米，由 6 个桥墩支撑，最大跨度为 73 米，高 35 米，1974 年通车，为澳门八景之一。

坚固的赵州桥

　　赵州桥是隋朝大业年间建成的，到现在已经有 1400 年的历史了。它现在仍然坚固如初，历经千年而不毁，是中华民族伟大智慧的结晶。

　　赵州桥是单孔石拱桥，它的主桥孔由 28 道排成拱形的巨大石块砌成。拱顶用 9 根铁拉杆横向扣牢拱券，拱石之间都用

铁榫咬合成整体，桥外侧用6块钩联石拉紧。这是赵州桥坚固的主要原因。其次，赵州桥是一座"敞肩式"拱桥，即桥两端的"肩部"砌有几个小"桥洞"。这种结构使桥的自身重量减轻很多，减少了桥基所受的压力，减缓了桥基的下沉；敞肩结构又能在汛期使洪水快速通过，减轻洪水对桥的冲击力；同时这种结构还节省了很多造桥材料，可以缩短工期。赵州桥的设计师李春采用"坦拱"形式，使赵州桥的坡度较小，上下桥的道路比较平坦。

建造于12～15世纪的几座欧洲著名的石拱桥早已毁损，而赵州桥至今仍十分坚固。

交通行业的节能减排

交通运输业作为能源的主要终端用户之一，其石油消耗占全国石油总消耗的比重在15%左右，我国的交通节能减排工作要跟促进交通发展同步推进。通过技术进步缩小与国际先进水平的差距，依靠科技进步，不断增强自主创新能力。

当然，交通节能工作包括交通工具、交通站场、交通线路、交通调度各个方面，是一个系统工程。只有先进的交通工具，

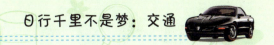

没有与之配套的交通站场、交通线路，交通节能工作将收效甚微；同样，尽管有先进的交通站场、交通线路，但交通工具不节能，交通调度不先进，整个交通系统就会存在较大的隐性浪费，交通节能的效果也就大打折扣。

交通节能包括陆路的汽车节能、火车节能；水路的内河船舶节能、远洋船舶节能；航空的飞机客运与货运节能。不同的交通工具，通过不同的交通路径及站场，为不同的需要提供各种交通运输服务。它们各自的能耗效率是不同的，不能简单地类比。因此，不同交通工具在进行节能工作时需要充分考虑各自的特点。

绿色交通

　　随着社会节奏的加快，生活水平的提高，人们开始关注我们生活的环境。近年来，人们提出了绿色交通的说法。

　　绿色交通是指无污染、少污染而符合环保要求的各种新型交通形式。如在大城市中发展地铁、轻轨交通等；在个人交

通工具方面，电动汽车、天然气或液化气汽车、氢气汽车、甲醇和乙醇汽车等，都有可能在不久的将来，成为"绿色汽车"的主流。

　　发展绿色交通，其实就是为了节约能源。目前，全世界已经拥有500多万辆天然气汽车。

优惠的火车票

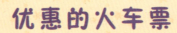

　　为了优待儿童、学生和伤残军警，中国铁路特别发售半价票。

　　随同成年人旅行的身高 1.1~1.4 米的儿童，可以享受半价客票，简称儿童票。儿童票的座别应与成人车票相同，其到站不得远于成人车票的到站。

　　普通学生如果家庭居住地和学校不在同一城市的，凭附有加盖院校公章的减价优待证（小学生凭书面证明），每年寒暑假期间可享受四次家庭至院校及

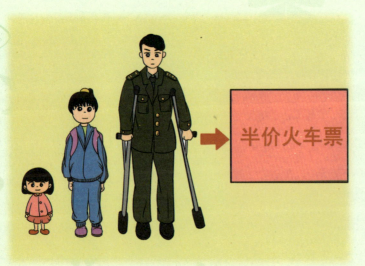

半价火车票

实习地点之间半价硬座客票、加快票和空调票，简称学生票。新生凭录取通知书，毕业生凭学校书面证明可买一次学生票。

中国人民解放军和中国人民武装警察部队因伤致残的军人，凭"革命伤残军人证"享受半价的软座、硬座客票和附加票。

铁路乘车证和特种乘车证也属于优惠的车票，乘客可根据相关证件和书面证明免费乘车。

铁轨演变

今天看起来简单的铁路集中了无数人的智慧。铁路工程师们在不断地解决新问题的基础上经历了多次经验和教训才有了今天的较科学的铁轨。

早期的轨道是木制的，木头轨道制作简单，由上向下运送重物也很省力，一时受到欢迎。不过，在平地上使用木头

轨道效果不大，省力不多。而且，这种木头轨道不耐用，磨损大。后来有人尝试用生铁来取代木头，从这以后，轨道开始称为"铁轨"。铁轨比木轨的体积小许多，它直接放在地面上，运煤、送货也省劲。但是，斗车内装的东西不能过重，否则易翻车。工程师们意识到必须解决地面的承受力问题，同时还要考虑铁轨的长度问题。于是人们以轧制的熟铁来代替易发脆的生铁，这种新铁轨在重压下不至于断裂。为了解决铁轨冬冷夏热而发生热胀冷缩的问题，铁路建筑者想出在铁轨的接头之间留点"缝隙"的办法来保障火车的通畅运行。但是铁轨的缝隙接头越多，火车运行中的震动越多，发出的噪声也越大。铁轨的裂损60%是产生在接头处，这样又促使了无缝钢轨的产生。

火车维护

　　火车到站后，铁道工作人员会拿着锤子在车上不停地敲打。这样做的目的和人们用手指敲西瓜听声音的道理是一样的。他们一面敲打着，一面聆听火车发出的声响，有经验的工作人员可以从中听出哪儿的螺丝松动了，哪儿的零件该更换了，从而及时加以修理，以保证火车继续安全行驶。

列车上的字母

　　带 D 字头的列车表示动车组列车，带 T 字头的列车表示特快列车，带 K 字头的列车表示快速列车，带 Z 字头的列车表示直达列车，带 L 字头的列车表示临时列车，带 Y 字头的列车表示临时旅游列车，前面没有字母的表示普通列车。

D	➡	动车组列车
T	➡	特快列车
K	➡	快速列车
Z	➡	直达列车
L	➡	临时列车
Y	➡	临时旅游列车
无字母	➡	普通列车

隧道

　　人们坐火车经过山区时车内忽然变暗，那就说明火车正在通过隧道。不论是开山建隧道，还是潜海建隧道都是很巨大的工程，隧道是交通必需的工程建筑。

　　在没有隧道时，火车经过高山时，或者绕道，或者需要爬坡，既不经济，也不安全。以前人们想要渡海只能坐船，而海上天气变幻莫测，安全性和时效性都很差，而且造船的成本很高，船的利用率低。人们一直在思索，期望找到一条更好的交通道路。海底隧

道的建成则向世人宣告再也没有什么高山大海能阻挡我们的去路了。

　　隧道除了交通功能外，还可以用作城市里地下的排水或给水、农村的灌溉引水以及铺设煤气和输电线路等。

现代丝绸之路

　　第二欧亚大陆桥被誉为现代丝绸之路，这是因为与哈萨克斯坦铁路接轨的，经我国兰新、陇海铁路的新欧亚大陆桥所经路线很大一部分是原丝绸之路的路线。

　　第二欧亚大陆桥东起我国黄海之滨的连云港，向西经陇海—兰新线的徐州、武威、哈密、吐鲁番、乌鲁木齐，再向西经北疆铁路到达我国边境的阿拉山口，进入哈萨克斯坦，再经俄罗斯、白俄罗斯、波兰、德国，止于荷兰的世界第一大港鹿特丹港。这条大陆桥跨越欧亚两大洲，连接太平洋和大西洋，

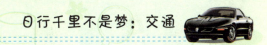

全长约 10800 千米，通向中国、中亚、西亚、东欧和西欧 30 多个国家和地区，是世界上最长的一条大陆桥。

现代丝绸之路的贯通不仅便利了我国的东西交通，加强了与国外的联系，更重要的是对我国的经济发展产生了重大的影响。

管道列车

　　管道列车就是在密封的管道里行驶的列车。它的工作原理是抽出列车前方管道中的空气，而后在列车后面引进空气，依靠压强差使列车加速前进。由于列车是在接近真空的状态下前进的，所受的阻力很小，消耗的能量也很少，因此，这是一

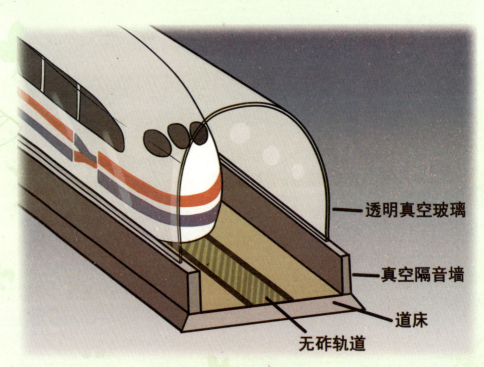

透明真空玻璃

真空隔音墙

道床

无砟轨道

种很有前景的交通工具，但目前它只在理论上成熟。

管道列车的速度可以跟飞机相媲美，运量却比航空运量大得多，而且它的造价低于高速公路和高速铁路，耗能低，污染小；不足的是乘客在车上无法欣赏沿途风景。

地下·铁道

　　1863年1月10日，英国伦敦建成了世界上第一条地下铁道，全长6千米，至今已经经历了100多年的风风雨雨。目前这条铁路已延伸至88.5千米，共设61个车站，是当今世界上最长的一条地下铁道。

　　其实，最早提出修建地下铁道的人，并不是铁道专家，而是一位律师，他就是英国很有辩护才能的查尔斯·皮尔逊。

在他当时生活的时代，伦敦的车辆很多，交通非常拥挤，经常发生事故。他预感到这种情况将随着城市的发展而日趋严重。很幸运

的是，他又注意到当时刚刚崭露头角的铁路有时速高、运量大的特点。于是，他向伦敦政府当局提出了把铁路修建在城市街道下面的设想。这一设想经论证后被英国政府采纳。

地铁与城市中的其他交通工具相比有很多优点：一是运量大，地铁的运输能力要比地面公共汽车大 7~10 倍；二是速度快，地铁在地下隧道内风驰电掣地行进，畅通无阻，速度比一般的地面车辆快 2~3 倍，有的时速可超过 100 千米；三是无污染，地铁以电为动力，不存在空气污染问题。此外，地铁还具有准时、方便、舒适、节约能源等特点。

磁悬浮列车

　　2003年，我国的第一辆磁悬浮列车在上海开始运营，标志着我国成为世界上第三个掌握磁悬浮技术的国家。

　　磁悬浮列车主要依靠电磁力来实现传统铁路中的支承、导向、牵引和制动功能。它的速度高达每小时517千米，但它的原理并不深奥。它运用磁铁"同性相斥，异性相吸"的性质，使磁铁具有抗拒地心引力的能力，即"磁性悬浮"，从而取消轮轨。列车在运行过程中，与轨道保持一厘米左右距离，处于一种"若即若离"的

状态。由于避免了与轨道的直接接触，行驶速度大大提高。

提高磁悬浮列车速度的关键技术是超导新技术。超导体处于超导状态时，具有完全的导电性和抗磁性，可以使磁悬浮列车的性能发挥到最佳状态。

磁悬浮列车运行时的启动、悬浮、加速、转弯、减速、停车、下落等由计算机、微电子感应、自动控制等高新技术来控制。

京杭大运河

京杭大运河是由人工河道和部分河流、湖泊共同组成的，全长 1794 千米，是世界上最长的人工河流，和万里长城并称为我国古代的两项伟大工程。

京杭大运河北起北京，南至杭州，途径北京、天津、河北、山东、江苏和浙江六省市，沟通海河、黄河、淮河、长江、钱塘江五大水系，全程分为通惠河、北运河、南运河、鲁运河、中运河、里运河、江南运河七段。

京杭大运河肇始于春秋时期，形成于隋，发展于唐

宋，是我国古代劳动人民创造的一项伟大工程，不但在历史上起过巨大的交通枢纽作用，而且也促进了沿岸城市的迅速发展。

博 物 之 旅

春运

　　春运是一种极具中国特色的交通现象，被誉为人类历史上规模最大的、周期性的人口大迁徙。在中国传统节日——春节前后40天左右的时间里，有20多亿人次的人口流动，占世界总人口的1/3！

　　春运时间，一般是以春节为界，节前15天，节后25天，共40天。中国铁路总公司、交通部、民航总局会根据春运时间进行全国性的专门运输安排。

自1954年起，前铁道部就有春运记录，但客流与现在相差很远，日均客流量73万人次，高峰客流量90万人

次，时间为春节前后 15 天。80 年代以后，大量民工外出，春运成为社会热点。每年春运，铁路运输是重中之重，铁道部采用"基本方案""预备方案""应急方案"等三套方案各种措施，分别应对正常客流、高峰客流、突发客流。

地区经济不平衡也导致了这种大规模的人口流动，一般内地民工都到南方或者东南沿海打工，每逢过年集体返乡；交通的运输能力、现有的资源配置不平衡等问题也都在加剧民工回家的难度。相信随着社会的发展，我国地区经济的协调发展将会疏散人流，春运将会成为一个历史名词。

丝绸之路

　　汉朝初年虽然和匈奴实行了和亲政策，但是匈奴还是经常侵犯汉朝的边境。汉武帝派遣张骞出使西域，去联合匈奴西边的大月氏国共同抵抗匈奴。其后，汉朝军队打败了匈奴，控制了通往西域的河西地区。后来汉武帝再次派张骞出使西域，开辟了一条以长安为起点，以罗马为终点的通商之路。

　　这条道路绵延7000多千米，横跨欧亚大陆，并渡过地中海，连接起亚、欧、非三大洲。通过这条路，我国的四大发明、土特产和一些先进的技术传到了西方，而西方的

特产和文化也通过这条路传到了我国，如希腊的绘画和印度的佛教，从而使东西方的经济和文化得到很好的交流，对世界文明的发展产生了巨大的影响。

这条世界闻名的路就是丝绸之路，因我国的丝绸制品通过河西走廊、天山南北运往中亚、西亚和欧洲而得名。据说，当罗马大帝恺撒第一次穿上我国的丝绸服装出现在众人面前时，轰动了整个罗马。

公交车出行

　　城市公共交通是一项社会公益性事业。优先发展公共交通，保持城市高效、安全运转，是低碳城市的必然选择。

　　一辆大型公交车所占道路面积约等于两辆小汽车所占面积。而一辆公交车的载客量是两辆小汽车的40倍，人均耗能量是小汽车的1/10，人均空气污染比小汽车少90%。

　　方便的公交车能有效缓解城市交通堵塞、空气污染、能源紧张的压力。

　　新型快速的公交系统具有投资少、运力大、建设周期短、运行成本低等优点。乘客节省时间是实施快速公交

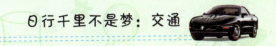

系统的最主要收益。乘客乘坐快速公交的行驶速度要比乘坐当前的公交车快得多。

除了节省时间外，快速公交系统乘客的乘车体验也会得到极大改善：乘客不再像以前一样，在日晒雨淋下候车；

当前在高峰时段，很多车十分拥挤，乘客甚至不能挤上公共汽车，而快速公交系统的运力得到了极大提高，可以有效解决这个问题。

交通运输的主要能源

自汽车诞生以来，人类就在不断对其进行改造，石油危机、环境污染、不可再生资源越来越少等形势的出现增加了人们探索替代能源的动力。

公路交通运输的主要能源是石油，石油是公路交通运输持续发展的原动力，是重要的战略资源。公路交通运输系统中的能耗主要源于公路车辆，可分为直接能耗和间接能耗，直接

能耗主要是用于驱动车辆的那部分，间接能耗是指维护交通运输系统运营所需要的能源，主要包括维修运输车辆与养护道路所需要的能源。

从总体上讲，目前我国能源消费总量约为美国的 1/3，占世界能源消费总量的 1/10，居世界第二位，但我国煤炭、石油、天然气的人均储量均低于世界的人均水平，特别是石油只占世界人均水平的 11.1%。随着近年来我国经济的持续发展，能源供给和能源安全问题已经显现，这无疑会直接影响我国公路交通运输业的发展。

降低运输能耗将始终是我们关注的重点。

旅游与交通

　　旅游与交通密不可分，人们在外出前要考虑好出行方式，积极应对旅途中可能出现的各种交通问题。

　　由于人们越来越重视时间，因此，又快速又舒适的交通工具是人们理所当然的首选。但是人们最为关注的还是乘坐哪种交通工具经济实惠，如何寻找交通与旅游的契合点。不同的游客要针对目的地远近和自己随身携带物品多少等实际情况选择合适的交通工具出行，以期有个愉快舒适的旅游生活。

　　当旅游遭遇误机：如果到达机场的时候发现误了机，要马上到航空公司报到处请求帮助。能否搭乘另一

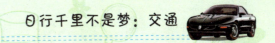

班机则视机票种类而定。至于包机、游览转机的机票以及特价机票，往往有附带条件，机票上都会印有"只在票上列明之日期及班次有效"之类的字样。

　　当旅游遭遇晕眩：　晕船、晕车和晕机都是旅游中非常扫兴的事，但是不用烦躁和紧张，如感到眩晕时，就把头向后仰，不要乱动，最好不要用枕头躺下来。要多呼吸新鲜空气，比如在坐船时，可以到甲板上去呼吸新鲜空气；坐车的话，可以把窗子打开；另外还要喝适量的饮料以防脱水。

郑和下西洋

郑和，本姓马，字三保，公元1371年出生于云南。郑和的父亲与祖父均曾朝拜过伊斯兰教的圣地麦加，熟悉远方异域、海外各国的情况。受父亲与祖父的影响，郑和在很小的时候就已对外界充满了强烈的好奇心。

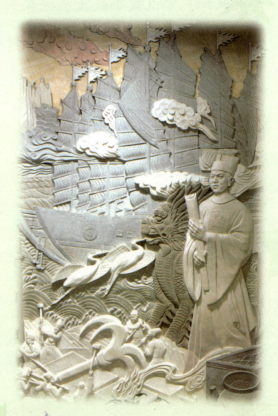

公元1405年至公元1433年，郑和先后率领庞大船队七下西洋，经东南亚、印度洋远航亚非地区，最远到达红海和非洲东海岸，航海足迹遍及亚、非30多个国家和地区。

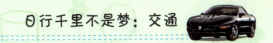

　　郑和的船队超过 200 艘船，其宝船的载重量达到 1000 多吨，船队总人数达 2 万多人。

　　郑和下西洋，比其他国家的航海家早了近百年。他在下西洋的航程中开辟并拓展了中国与亚非 30 多个国家和地区的海上交通，为世界航海事业的发展和各国人民的交流作出了不可磨灭的贡献。

迪亚士之航

　　13世纪末，不少西方人从马可·波罗的游记中看到了东方的富庶和繁荣，从而引发了一场到东方寻找黄金的热潮。然而奥斯曼土耳其帝国控制了东西方的交通要道，使东西方的贸易受到严重阻碍。随着资本主义的发展，葡萄牙和西班牙急于到海外寻找原始资本，这样，开辟一条到东方的新航路迫在眉睫，两国的商人和封建主就成为世界上第一批殖民航海者。

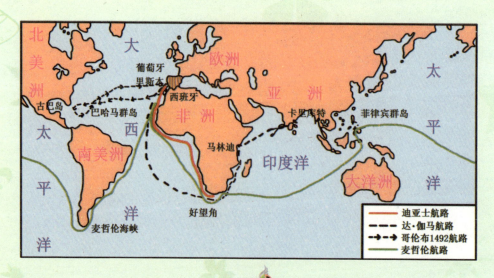

　　葡萄牙航海家迪亚士（1450~1500 年）接受了葡萄牙国王约翰二世的命令，于 1487 年 8 月从里斯本出发，率领两条各载 100 吨的双桅大帆船，沿着非洲西海岸向南驶去。1488 年 12 月，船队在经过一年零五个月的航行之后，安全回到里斯本。这是葡萄牙人探寻新航路的一次突破。迪亚士在这次航行发现了非洲好望角，葡萄牙国王认识到发现非洲南端的重要性，觉得到东方有了希望。1497 年，迪亚士受命于国王曼纽儿一世，两次率领船队远航。他绕着非洲海岸，沿途进行殖民贸易，并发现了印度。不幸的是，1500 年，迪亚士船队四艘大船同葬大西洋海底，迪亚士与所有船员一起殉难。

　　但是，新的航路已被打通，西方殖民势力从此也就从非洲伸展到了亚洲。